Ursula Wölfel

Zwanzig verrückte Geschichten

Mit Bildern von Bettina Wölfel

Hoch-Verlag · Stuttgart - Wien

Die Geschichte vom Bleistiftspitzen

Eine Frau hatte vor, ein dickes kluges Buch zu schreiben. Sie kaufte sich einen Stapel Papier, fünfzig neue Bleistifte und einen scharfen Bleistiftspitzer.

Ihr Mann und ihre Kinder sollten von heute an nur noch flüstern und auf den Zehen gehen, denn die Frau wollte sofort anfangen, das Buch zu schreiben.

Sie legte das Papier zurecht und spitzte einen Bleistift. Dabei dachte sie über den ersten Satz nach.

Sie spitzte noch einen Bleistift und dachte weiter über den ersten Satz nach.

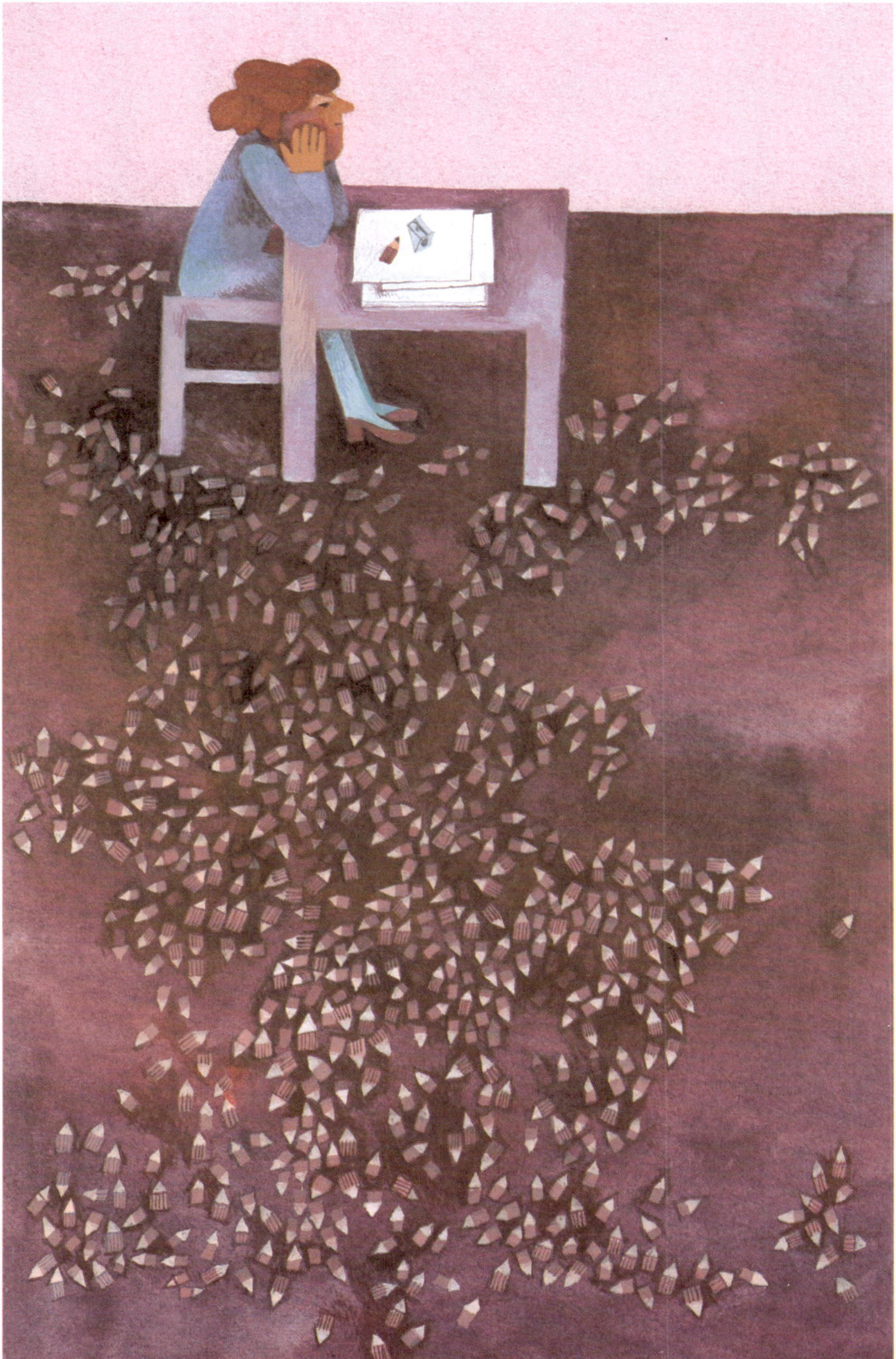

Sie spitzte den dritten Bleistift und dachte immer noch über den ersten Satz nach.

Die Frau spitzte die fünfzig Bleistifte zu winzigen Stummeln, und sie spitzte noch sechstausendfünfhundertundzwölf Bleistifte kurz und klein. Dazu brauchte sie knapp drei Wochen. Den ersten Satz hatte sie noch nicht geschrieben, aber sie war jetzt Weltmeisterin im Bleistiftspitzen.

Es stand in der Zeitung.

Die Geschichte vom lustigen Mädchen

Ein Mädchen wollte nicht immer tun, was alle tun. Das fand es langweilig. Darum ging es nur noch rückwärts durch die Tür. Dabei überrannte es einmal den Großvater, und das tat dem Mädchen leid. Es gewöhnte sich das Rückwärtsgehen wieder ab.

Aber wenn jetzt jemand „Guten Morgen" sagte, antwortete das Mädchen: „Gute Besserung!", und wenn ihm jemand „Guten Appetit" wünschte, sagte es: „Glückliche Reise!", und wenn jemand niesen mußte, rief es: „Herzlich Willkommen!", und wenn es aus Versehen einem auf den Fuß trat, sagte es zur Entschuldigung: „Fröhliche Ostern!"

Darüber ärgerten sich manche Leute, und das Mädchen gewöhnte sich auch dies wieder ab.

Von nun an setzte es sich beim Essen auf den Tisch und stellte den Teller auf den Stuhl. Bei einem großen Familienfest regten die Tanten und Onkel sich sehr darüber auf. Aber wem schadete das denn? Das Mädchen kümmerte sich nicht um die Tanten und Onkel. Es aß jetzt immer so und fand das sogar bequem.

Die Geschichte von der Wartemaschine

Ein Junge hatte keine Lust mehr, immer auf etwas zu warten. Deshalb baute er sich eine Wartemaschine. Von außen sah sie wie eine runde Tabaksdose aus. Der Junge verklebte den Deckel mit einem Pflasterstreifen. Niemand wußte, wie die Wartemaschine von innen aussah.

Nun gab es für diesen Jungen keine langweiligen Schulstunden mehr. Er steckte die Wartemaschine in die Hosentasche, und sie wartete für ihn auf die Pausenklingel. An der Bushaltestelle legte er sie in den Papierkorb am Fahrplanmast. Dann sah er sich in aller Ruhe die Schaufenster und die Kinobilder an. Seine Wartemaschine wartete ja für ihn auf den Bus. Sogar auf den Geburtstag, auf Ostern und Weihnachten wartete sie für den Jungen.

Er war jetzt nie mehr ungeduldig.

Schließlich nahm er sie auch zum Fußballspielen mit. Er war nämlich Torwart, und er wollte nicht mehr immer auf den Ball warten. Also legte er die Wartemaschine hinten vor das Netz und lehnte sich gemütlich an einen Torpfosten. Aber natürlich konnte die Wartemaschine keinen Ball aufhalten. Daran hatte der Junge nicht gedacht.

Seine Mannschaft verlor das Spiel siebzehn zu eins.

Jetzt wollte er keine Wartemaschine mehr haben. Vor Wut kickte er sie über den Zaun, und ein Lastwagen fuhr sie platt. Darum weiß bis heute niemand, wie Wartemaschinen gebaut werden.

Der Junge verriet das nie.

Die Geschichte vom ordentlichen Mann

Ein Mann war so ordentlich, daß er es nicht ertragen konnte, wenn die Uhrzeiger schief standen. Auf seinen Uhren mußte es immer halb zwölf oder dreiviertel drei sein. Jeden Abend räumte er seinen Mülleimer auf, und noch im Schlaf zog er sein Bettzeug zurecht.

Einmal kochte er sich Nudeln. Er nahm die Nudelbänder einzeln aus dem Topf, zog sie glatt und schnitt sie alle mit der Schere gleich lang. Dann legte er sie schön ordentlich nebeneinander in die Schüssel.

Aber als er sich dann zum Essen an den Tisch setzen wollte, erschrak er sehr: Teller, Gabel und Schüssel gehörten doch nicht auf den Tisch, sondern in den Schrank! Das sah ja entsetzlich unordentlich aus! Schnell räumte er alles weg.

Seitdem deckte er immer den Tisch wieder ab, ehe er gegessen hatte. So ordentlich war er.

Die Geschichte
vom Vater, der die Wand hoch ging

Ein Vater ärgerte sich oft über seinen Jungen, weil der ihm zu ängstlich war.

Der Junge hatte nämlich Angst vor fremden großen Hunden, er hatte Angst vor den beiden frechen Mädchen von nebenan, und er hatte Angst, wenn das Licht im Treppenhaus plötzlich ausging.

„Und so einer will mein Sohn sein!" rief der Vater. „Ich könnte die Wände raufgehen!"

Das tat er dann. Er ging vor Wut die Wand hoch. Als er aber an die Zimmerdecke kam, fiel er vor Schreck wieder herunter.

Da oben saß nämlich eine Spinne.

Die Geschichte vom Leimerfinder

Ein Mann war nie zufrieden mit dem Leim, den man kaufen kann. Er wollte einen besseren Leim erfinden.

Erst mischte er alle klebrigen Sachen, die ihm einfielen: Karamellbonbons, Teer, Katzenhaare, Eiweiß, Nagellack,

Kartoffelklöße, Honig, Kletten, Kaugummi, Fliegendreck, Spucke, Himbeersaft, Juckpulver und Knet. Das Ganze kochte er eine Stunde lang.

Dann wollte er seinen Leim ausprobieren. Er stippte den Zeigefinger in den Topf und zog einen dicken Leimstrang heraus. „Sehr gut!" sagte er.

Nun wollte er den Leim mit der anderen Hand wieder abstreifen. Aber das ging nicht. Aus dem einen Leimstrang wurden zwei, und der Mann hing mit beiden Händen am Topf. „Ausgezeichnet!" sagte er.

Er trat mit dem Fuß gegen die Leimschnüre. Sofort blieb sein Schuh hängen. „Großartig!" rief der Mann.

Er hüpfte auf einem Bein durch die Küche und zerrte an den Leimfäden.

Die wurden länger und länger und wickelten sich um den Tisch und die Stühle. Der Mann drehte sich um sich selbst. Die Leimfäden wickelten sich um seine Schultern, seinen Bauch und seine Beine. Der Mann konnte sich nicht mehr rühren.

Endlich kam seine Frau. Sie begoß den Mann mit Buttermilch und kaltem Kaffee, bis der Leim sich wieder auflöste.

Die Geschichte von der Mutter, die an alles denken wollte

Eine Mutter wollte im Urlaub mit ihren drei Kindern auf einen Berg steigen. Sie überlegte, was man mitnehmen müßte. An alles wollte sie denken:

Zum Beispiel könnte es Regen geben. Also brauchten sie Regenmäntel und trockene Schuhe und Strümpfe.

Es könnte auch zu früh dunkel werden. Die Frau nahm für jeden eine Taschenlampe mit.

Es könnte auch sein, daß sie sich verirrten. Dann müßten sie über Nacht draußen bleiben. Die Frau packte ein Zelt und Schlafsäcke ein, dazu einen Spirituskocher, einen großen Kochtopf und Lebensmittel für ein paar Tage.

Und wenn einer von ihnen unterwegs krank würde? Unbedingt mußten sie Medizin für verschiedene Krankheiten und Verbandszeug haben.

Dann fiel der Frau noch ein, daß es auch Nebel geben könnte. Also band sie die Kinder an ein starkes Seil und hängte sich ein Nebelhorn um den Hals.

Sie stiegen auf den Berg und schleppten sich ab und keuchten und schwitzten. Aber sehr weit kamen sie nicht. Die Frau trat in einen Kuhfladen, und weil sie schwer bepackt war, rutschte sie den steilen Hang wieder hinunter, und die Kinder am Seil rutschten hinterher.

An die Kuhfladen auf dem Weg hatte die Frau nicht gedacht.

Die Geschichte vom Schaumbad

Ein Mann sah jeden Abend das Werbefernsehen, und dann kaufte er alles, wofür da Reklame gemacht wurde.

Einmal zeigte ein wunderschönes Mädchen einen neuen Badeschaum, durch den sollte jeder gesund und glücklich werden. Sofort kaufte der Mann drei große Packungen von diesem Schaumbad.

Er wollte auf einen Schlag gesund und glücklich werden, darum schüttete er sich gleich eine ganze Packung in die Badewanne. Er plätscherte ein bißchen, und schon gab es schönen weißen Schaum. Er plätscherte weiter, und der Schaum stieg immer höher. Plötzlich saß der Mann bis zur Nase wie in steifem Eierschnee. Er schnappte nach

Luft und schlug um sich. Dicke Schaumflocken stoben hoch, und dann ging es erst richtig los: Der Schaum plusterte sich auf und schwoll dem Mann über den Kopf und schäumte bis zur Zimmerdecke. Der Mann fühlte sich kein bißchen gesund und glücklich. Er sah nur noch Weißes, er hatte die Nase und die Ohren voll Schaum, er strampelte und boxte und schrie: „Aufhören, aufhören!" Und dabei verschluckte er sich auch noch an dem Zeug.

Seine Frau und die Kinder rissen erschrocken die Tür auf. Eine dicke weiße Schaumwolke quoll aus dem Badezimmer, und oben in der Wolke hing der Mann und ruderte mit Armen und Beinen und japste und hustete und spuckte.

Die Geschichte von einer besonderen Familie

Eine Familie kam sich wie eine ganz besondere Familie vor. Der Vater, die Mutter, die Kinder, – alle sagten: „Wir sind nicht wie die anderen Leute!"
Sie waren sehr stolz darauf. Es ärgerte sie nur, daß die anderen Leute nicht merkten, wie besonders sie waren.

Einmal wünschten die Kinder sich ein Tier, und das sollte natürlich ein besonderes Tier sein. Sie zogen einen hohen Zaun um den Garten und kauften eine Giraffe. Die Kinder sagten jetzt zu den anderen Kindern: „Eine Schildkröte habt ihr? Einen Dackel habt ihr? Pah! Wir haben eine Giraffe!"

Der Garten war aber sehr klein. Darum sah man vom Haus her nie die Giraffe. Von den unteren Fenstern aus konnte man nur ihre Beine sehen und von den oberen Fenstern aus nur ihren Bauch.

Die Familie stand jeden Tag stundenlang im Garten. Alle reckten und streckten und verdrehten die Hälse, weil sie ihre ganze Giraffe sehen wollten, und weil sie so stolz auf ihr besonderes Tier waren.

Bald sahen dann die anderen Leute, daß dies wirklich eine besondere Familie war: Der Vater, die Mutter, die Kinder, – alle bekamen Giraffenhälse.

Natürlich waren sie auch darauf sehr stolz.

Die Geschichte von der fetten Katze

Eine Frau hatte eine Katze. Erst war das ein niedliches Kätzchen, ein Spielkätzchen mit einem schwarzen Flecken auf der Nase. Die Frau war ganz verliebt in das Tier. Sie ließ es nachts in ihrem Bett schlafen, sie bürstete ihm jeden Morgen das Fell mit Haarwasser und band ihm rosa Schleifen um den Hals. Sie fütterte das Kätzchen mit Hackfleisch und Leber, mit Eiern, Schlagsahne und gekochtem Fisch.

Aus dem Kätzchen wurde eine große Katze, die fauchte und kratzte, wenn sie nicht bekam, was sie wollte. Aber das fand die Frau nur drollig, und immer noch durfte die Katze in ihrem Bett schlafen.

Die Katze wurde immer größer und dicker und ließ sich von der Frau bedienen. Bald soff sie zum Frühstück zwei Liter Milch mit Vitamintropfen, und mittags fraß sie fünf Koteletts, paniert und gebraten. Die Frau durfte nur die Knochen abnagen. Sie wurde immer magerer und blasser, und die Katze wurde immer fetter und wuchs und wuchs, bis sie so groß wie ein Kalb war.

Nun schlief das Katzenvieh allein im Bett, und die Frau mußte sich auf dem Teppich zusammenrollen.

Die Geschichte von den Grasköpfen

Ein Friseur bekam eine Glatze. Kein Haarwasser konnte ihm helfen. Er versteckte seinen kahlen Kopf unter einer Perücke, aber trotzdem fühlte er sich als glatzköpfiger Friseur sehr unglücklich.

Seine Frau hatte Mitleid mit ihm. Sie dachte: „Man muß alles versuchen!", und heimlich füllte sie ihrem Mann flüssigen Blumendünger in die Haarwasserflasche.

Eine Woche später wuchs dem Friseur junges grünes Gras auf dem Kopf.

Neu

Die Leute in der Stadt staunten und waren begeistert. Sofort wurde der Kopfrasen modern. Aber Grashaare wuchsen nur auf echten Glatzköpfen. Bei allen anderen wirkte der Blumendünger nicht. Sie mußten eine Kunstgras-Perücke tragen oder ihre gewöhnlichen Haare grün färben. Man sah aber sofort, wer einen richtigen Graskopf hatte und wer nicht. Darum wurden die Leute mit dem natürlichen Kopfrasen von allen anderen sehr beneidet.

Allerdings mußten sich die echten Grünköpfe vor Kühen, Pferden, Schafen und anderen Grasfressern in acht nehmen. Deshalb gingen sie auch nicht mehr gern in den Zoo. Einem von ihnen hatte ein Riesenkänguruh den Kopf wieder kahl gefressen.

Die Geschichte von der Frau, die sich für alles einen Plan machte

Eine Frau machte sich für alles einen Plan. Den schrieb sie auf einen Zettel, und dann mußte alles genau nach dem Plan geschehen.

Am Sonntagnachmittag sollten Gäste kommen. Die Frau schrieb auf einen Zettel:

„1. Tisch decken,
2. Sonntagskleid anziehen,
3. Torte garnieren,
4. dem Kind die Flasche geben,
5. den Hund ins Badezimmer sperren,
6. die Gäste von der Straßenbahn abholen."

Sie deckte also zuerst den Tisch, und dann wollte sie sich umziehen. Als sie damit gerade angefangen hatte, kamen die Gäste schon. Das brachte die Frau ganz durcheinander, weil das ja so nicht in ihrem Plan stand.

Sie zog erst das Sonntagskleid an und darüber den Büstenhalter.

Sie gab dem Kind die Tortenspritze und steckte dem Hund die Babyflasche ins Maul.

Dann sperrte sie die Gäste ins Badezimmer
und ging zur Straßenbahnhaltestelle.

Die Geschichte von der Superhausfrau

Eine Frau wollte die beste Hausfrau der Welt sein. Sie putzte jeden Tag ihre ganze Wohnung und schrubbte die Straße mit Seifenlauge und rieb das Parkverbotschild mit Möbelpolitur blank und wischte den Mast mit Spiritus ab. Kein Hund mochte an diesen Mast pinkeln.

Oft war die Frau schon nachmittags mit aller Arbeit fertig. Dann saß sie traurig in ihrer frisch gebohnerten Küche. Als Superhausfrau müßte sie doch eigentlich bis in die Nacht hinein schuften, – und sie wußte kaum, was sie am nächsten Tag tun sollte, weil alles immer sauberer wurde.

Da kam ihr die Dreck-Spar-Idee: Sie sammelte allen Staub aus ihrer Wohnung und allen Straßenschmutz in einer alten Keksdose, und als die anderen Leute im Haus schliefen, stahl sie ihnen den Sand aus den Fußmatten.

Diese Mischung aus der Dreck-Spardose verteilte sie dann in ihrer Wohnung. Damit hatte sie bis zum Schlafengehen zu tun, und am nächsten Tag hatte sie genug sauberzumachen.

Natürlich sammelte sie dabei allen Dreck wieder ein und streute ihn abends wieder aus und putzte ihn am Tag darauf wieder weg – und immer so weiter.

Jeden Tag kam etwas neuer Schmutz hinzu, jeden Abend war etwas mehr in der Dreck-Spardose, und die Frau hatte immer mehr zu tun. Das machte sie glücklich.

Die Geschichte vom Jungen mit den scharfen Augen

Ein Junge hatte so scharfe Augen, daß er mit einem Blick eine Scheibe Brot abschneiden konnte Er brauchte sich auch nie die Nägel zu schneiden. Einmal hinsehen genügte. Wenn er sich Mühe gab, konnte er mit seinen scharfen Augen sogar Bretter sägen. Seine Familie fand das sehr praktisch.

Aber einmal stand der Junge am Fenster und sah die Leute auf der Straße zu genau an.

Sämtliche Taschen und Mappen platzten auf. Eier, Bücher, Gemüse, Akten, Geld, Bierflaschen und Zeitungen fielen auf die Straße. Drei Hundeleinen waren sofort durchschnitten, und die Hunde stürzten wütend übereinander her. Eine Frau mit langen blonden Haaren hatte plötzlich nur noch Stoppeln auf dem Kopf, und einem dicken Mann rissen die Hosenträger. Außerdem fiel den Leuten auf dem Balkon gegenüber der Sonnenschirm in Fetzen in die Suppenteller, und ihr Wellensittich verlor alle Schwanzfedern.

Seitdem trägt dieser Junge immer eine Sonnenbrille. Natürlich hat er jetzt oft lange schmutzige Fingernägel.

Die Geschichte vom Lutscher, der in die Brennesseln fiel

Ein Mädchen kaufte sich einen Lutscher, einen von den kleinen mit Karamellgeschmack. Die großen buntgestreiften und die mit Mustern und Blümchen waren dem Mädchen zu teuer.

Es ging nach Hause und leckte unterwegs schon am Lutscher, aber nur vorsichtig, denn es wollte lange etwas zu lecken haben.

Da stolperte das Mädchen und der Lutscher fiel in die Brennesseln.

Das Mädchen bog die Nesseln mit einem Stock auseinander. Und dann staunte es: Der Lutscher war jetzt dreimal so groß wie die buntgestreiften, viermal so groß, fünfmal so groß, und dick wie ein Fußball war er angeschwollen, so sehr hatten die Brennnesseln ihn verstochen!

Das Mädchen freute sich. Es fing sofort wieder an zu lecken, damit die Brennnesselstiche den Lutscher nicht so juckten.

Die Geschichte vom verlorenen Husten

Ein Mädchen hatte Husten. Plötzlich war er weg, und das Mädchen wußte nicht, wo er war. Es suchte ihn überall: zwischen den Spielsachen, unterm Bett und im Schrank.

„Hast du vielleicht meinen Husten?" fragte das Mädchen seine Freundin.

Die war ein bißchen beleidigt. „Ich stehle doch keinen Husten!" sagte sie. „Ich habe meinen eigenen schon seit zwei Wochen. Deiner war erst vier Tage alt. Außerdem habe ich einen schweren Bellhusten, und du hattest nur einen leichten Pfeifhusten."

„Sei mir nicht böse", sagte das Mädchen. „Vielleicht habe ich ihn heute morgen auf der Brücke verloren. Es war so windig. Kommst du mit? Dann suchen wir ihn."

Im Nebel hätten sie den Husten beinahe nicht gefunden. Er pfiff nur ganz leise ums Brückengeländer.

Endlich hatte das Mädchen seinen Husten wieder. Er war sogar stärker geworden, das fand auch die Freundin.

Sie konnten sich jetzt gegenseitig umhusten. Aber das verbot ihnen ein Radfahrer. Auf der Brücke war das zu gefährlich, und der Mann wollte auch nicht vom Rad gehustet werden.

Die Geschichte
vom Gewichtheber im Urlaub

Ein Gewichtheber fuhr im Urlaub an die See. Aber er langweilte sich sehr. Hier gab es nirgendwo einen anderen Gewichtheber. Wem sollte er jetzt zeigen daß er stärker war?

Im Vorbeigehen stemmte er ein paar Strandkörbe mit den Leuten darin. Aber die beschwerten sich gleich beim Strandwächter.

Ärgerlich sprang der Gewichtheber ins Meer und stemmte ein Motorboot.

Er hatte Pech. Das Boot gehörte der Hafenpolizei, und der starke Mann mußte Strafe zahlen.

Dafür wollte er sich rächen. Er stemmte eine Andenkenbude, einen Reisebus und die ganze Kurkapelle mitsamt dem Klavier. Natürlich wurde ihm auch das sofort verboten. Er kochte jetzt vor

Wut und schrie: „Dann stemme ich eben mich selbst! Das kann mir keiner verbieten!"

Er legte sich die Hände unter die Füße und holte tief Luft. Seine Muskeln schwollen gewaltig, und die Adern an seinem Hals wurden dick wie Schiffs-taue. Dann stemmte er sich zwei Meter hoch und hielt sich eine Minute und dreiundvierzig Sekunden oben.

„Bravo!" riefen die Leute und klatschten. Auch die Männer von der Hafenpolizei und der Strandwächter waren begeistert, und die Kurkapelle spielte einen Tusch.

Die Geschichte von den billigen Einkaufsnetzen

Eine Frau mußte alles kaufen, was billig war. Sie konnte einfach nicht anders. Wenn es irgendwo billigen Käse gab, kaufte sie ihn gleich pfundweise, auch wenn er anfing zu stinken, ehe ihre Familie ihn aufessen konnte. Sie hatte schon drei billige Fernsehgeräte und fünf billige Radios gekauft, acht billige Brotschneidemaschinen, neunzehn billige Küchenuhren und zweiunddreißig billige Putzeimer.

Beim Schlußverkauf war die Frau immer ganz glücklich. Aufgeregt drängelte sie sich durch die Kaufhäuser und kaufte und kaufte.

Da gab es einmal gleich am Eingang einen Tisch mit billigen Einkaufsnetzen: Zwanzig Pfennig das Stück! Die Frau kaufte alle, die da waren.

Aber dann hatte sie kein Geld mehr für die vielen anderen billigen Sachen.

Und mit neunhundertachtundachtzig leeren Einkaufsnetzen schlich sie traurig nach Hause.

Die Geschichte von der eingepflanzten Frau

Eine Frau fand sich selbst so schön und zart wie eine Blume. Jeden Tag mußte ihr Mann ihr das sagen, und nie durfte er fluchen oder unanständige Witze erzählen oder rülpsen, wenn die Frau dabei war. Er sollte sie immer nur bewundern und pflegen und so vorsichtig mit ihr umgehen wie mit einer schönen zarten Blume.

Darum pflanzte der Mann seine Frau eines Tages in einen großen Blumentopf.

Die Geschichte vom Prantocox

Ein Prantocox kam ins Einwohnermeldeamt. Es wollte Einwohner werden. Der Beamte fragte es nach seinem Vornamen.

„Ich heiße nur Prantocox, leider", sagte das Prantocox. Der Beamte schrieb in das Meldeformular: „Familienname: Cox, Vorname: Pranto." Dann fragte er: „Wann geboren?"

„Heute!" rief das Prantocox, und der Beamte gratulierte ihm zum Geburtstag. Er wollte aber auch wissen, wie alt das Prantocox nun war.

Es verstand nicht, was er meinte. „Ich habe mir doch erst heute mich selbst ausgedacht!" sagte es.

„Ausgedacht?" fragte der Beamte. „Sie haben sich selbst einfach sich selbst ausgedacht? Wollen Sie mich auf den Arm nehmen?"

„Wenn Sie es wünschen – gern!" sagte das Prantocox, und es nahm den Beamten auf den Arm. Der Mann strampelte und hielt sich an der Lampe fest.

„Sie Rüpel!" schrie er. „Sie sind unmöglich!"

„Ganz und gar unmöglich? Ach, wie schade", flüsterte das Prantocox, und es wurde langsam unsichtbar.

Gerade jetzt kam ein anderer Beamter herein. Er sah seinen Kollegen an der Lampe zappeln. „Nein!" rief er und hielt sich vor Entsetzen die Augen zu.

Das Prantocox konnte den Beamten gerade noch in den Sessel setzen. Dann war es nicht mehr da. Der Beamte hatte recht: Prantocoxe sind unmöglich.

Darum gibt es keine.

Inhalt

Sämtliche Texte und Illustrationen
dieses Schreibschriftbandes wurden
in neuer Bearbeitung entnommen aus
Ursula Wölfel/Bettina Anrich-Wölfel
NEUNUNDZWANZIG VERRÜCKTE GESCHICHTEN

ISBN 3-7779-0202-0

Gesamtherstellung: W. Röck in Weinsberg
7 6 5 4 3